CATALOGUE

DES

PUBLICATIONS

DE

M. ÉMILE CHEYSSON

MEMBRE DE L'INSTITUT

PARIS

IMPRIMERIE NATIONALE

1907

PUBLICATIONS

DE

M. ÉMILE CHEYSSON

NOTICE BIOGRAPHIQUE.

Né à Nîmes, le 18 mai 1836. — 1854, élève à l'École polytechnique. — 1856, élève à l'École des ponts et chaussées. — 1859 à 1863, ingénieur à Reims, nombreux travaux, entre autres : achèvement du canal de l'Aisne à la Marne, distribution d'eau d'Épernay, établissement, avec des ateliers nationaux et sans expropriation, du chemin de fer de Reims au camp de Châlons (longueur, 30 kilomètres).

1866 à 1870, directeur du Service des machines à l'Exposition universelle de Paris de 1867.

1868 à 1870, professeur de *Littérature administrative* à l'École des ponts et chaussées, secrétaire des *Annales des ponts et chaussées.*

1870 à 1871, directeur du Service des moulins, chargé pendant le Siège d'improviser des moyens de mouture et d'alimenter Paris en farine au milieu de difficultés de toute nature.

1871 à 1874, directeur des Usines du Creusot.

1874 à 1877, ingénieur du Service de la navigation de la Seine.

1877, ingénieur en chef des ponts et chaussées.

1877 à 1884, directeur des cartes et plans au Ministère des Travaux publics.

A partir de 1882, professeur d'économie politique et d'économie sociale à l'École libre des sciences politiques, et, de 1884, professeur d'économie industrielle à l'École des mines.

Deux fois lauréat du prix Montyon de Statistique, décerné par l'Académie des sciences (1883 et 1891)

1886, inspecteur général des ponts et chaussées de seconde classe.

1881 à 1890, attaché au Ministère de la Guerre comme directeur des moulins et usines frigorifiques du camp retranché de Paris.

1898, inspecteur général des ponts et chaussées de 1re classe.

1900, couronne civique en or décernée par la Société nationale d'Encouragement au bien.

1901, *membre de l'Académie des sciences morales et politiques* (section d'économie politique).

Président, rapporteur ou membre du jury aux Expositions d'économie sociale de 1889 et 1900 à Paris, de 1897 à Bruxelles, de 1906 à Milan. — Médaille d'or à l'Exposition de 1878 à Paris. — Grand prix dans les Expositions de Saint-Louis et de Milan.

Membre des Académies de Nîmes, de Reims et de Bordeaux; de celle des *Lincei* à Rome, de la Société royale de statistique de Londres, de la Société royale de statistique de Belgique, de l'Institut international de statistique...

Président ou ancien président de la Commission centrale de la Société de géographie, de la Société de géographie commerciale, de la Société de statistique de Paris, de la Société d'hygiène et de médecine publique, de la Société générale des prisons, de la Société nationale d'agriculture, de la Ligue populaire pour le repos du dimanche, de la Société des habitations ouvrières d'Auteuil, de la Ligue nationale contre l'alcoolisme, de l'Union centrale du patronage des libérés, de l'Association française des assurances sociales, du Comité central des œuvres d'assistance par le travail, de la Société internationale pour l'étude des questions d'assistance... — Vice-président du Musée social, de la Société d'encouragement pour l'industrie nationale, de la Société de législation comparée, de l'Alliance d'hygiène sociale, de la Ligue nationale de la Mutualité, de la Société française des habitations à bon marché...

Membre du Conseil supérieur des habitations à bon marché, du Comité consultatif des accidents, du Conseil supérieur de l'Assistance publique, du Conseil supérieur de statistique, du Conseil de perfectionnement du Conservatoire des arts et métiers, du Comité des travaux historiques, de la Commission extraparlementaire du cadastre et de nombreuses commissions officielles.

Président et organisateur de nombreux congrès en France et à l'étranger.

Commandeur de la Légion d'honneur, membre de divers Ordres étrangers.

PUBLICATIONS.

1. *Rapport du concours de poésie de l'Académie impériale de Reims*, in-8°,
   16 pages. Reims, 1862.
2. *Rapport sur le service mécanique et le service hydraulique à l'Exposition universelle de 1867*, in-16, 61 pages. Paris, P. Dupont,
   1867.
3. *Dérivation des eaux du Rançon*, in-16, 61 pages. Le Creusot, 1873.
4. *Note sur l'installation de la galerie des machines dans le palais de l'Exposition universelle de 1867 et sur la plate-forme centrale de cette galerie*, in-16, 37 pages. Paris, Dunod, 1869.
5. *Le Creusot. Condition matérielle, intellectuelle et morale de la population. Institutions et relations sociales*, in-8°, 40 pages. Paris, P. Dupont, 1869. (Extrait du *Bulletin de l'Association internationale pour le développement du commerce et des expositions.*)
6. *Les usines du Creusot* (Exposition universelle de 1873 à Vienne). Catalogue des objets exposés, in-18, 14 pages et 2 planches.
7. *Notes sommaires sur les réformes à introduire dans notre législation en matière de séduction*, in-8°, 32 pages. Lyon, Perrin et Marinet, 1874.
8. *Les ouvriers et les réformes nécessaires*, in-8°, 71 pages. Paris, 1877. (Extrait du *Bulletin de la Société d'économie sociale.*)
9. *Le repos du dimanche et les compagnies de chemins de fer*, in-16, 31 pages. Paris, Chaix, 1878.
10. *Rapport sur les méthodes de statistique graphique à l'Exposition universelle de 1878*, in-4°, 14 pages. Paris, Berger-Levrault, 1878.
11. *Notes statistiques sur les irrigations en France et à l'étranger*, in-8°, 23 pages. Paris, 1879. (Extrait du *Journal de la Société de statistique de Paris.*)
12. *Fluviographie pour le règlement des retenues formées par les barrages mobiles*, in-4°, 10 pages. Paris, Chaix, 1879. (Extrait de la Notice publiée par le Ministère des Travaux publics sur l'Exposition des travaux des ponts et chaussées.)
13. *Rapport au Ministre de l'Agriculture et du Commerce sur les résultats*

de l'emploi du sulfure de carbone pour le traitement des vignes phylloxérées, in-8°, 16 pages. Paris, Chaix, 1880.

14. *Le repos du dimanche et le service des postes en Angleterre et en France*, in-16, 23 pages. Paris, 1880. (Extrait de l'*Annuaire de l'économie sociale.*)

15. *Rapport à l'assemblée générale de la Société anonyme des habitations ouvrières de Passy-Auteuil*, in-16, 12 pages. Paris, Chaix, 1881. (Extrait de l'*Économiste français.*)

16. *L'École polytechnique et les boursiers*, in-16, 3 pages. Paris, Dunod, 1882. (Extrait des *Annales des ponts et chaussées.*)

17. *La carte de France au 200.000°*, in-16, 17 pages. Paris, Delagrave, 1882. (Communication faite à la Société de géographie.)

18. *Le Conseil supérieur de statistique en France*, gr. in-8°, 45 pages. Paris, Berger-Levrault, 1882. (Extrait du *Bulletin de la Société de statistique de Paris.*)

19. *Liste chronologique du haut personnel du service des mines*, in-12, 11 pages. Paris, Dunod, 1882.

20. *La Société anonyme des habitations ouvrières de Passy-Auteuil*, in-8°, 4 pages. Paris, 1882. (Communication faite à la Société d'économie sociale.)

21. *La mortalité des enfants légitimes et naturels*, gr. in-8°, 3 pages. Paris, Berger-Levrault, 1883. (Extrait du *Bulletin de la Société de statistique de Paris.*)

22. *Le cadre, l'objet et la méthode de l'économie politique* (Leçon d'ouverture du cours d'économie politique professé à l'École libre des sciences politiques); in-8°, 31 pages. Paris, Guillaumin, 1882. (Extrait du *Journal des Économistes.*)

23. *La question de la population en France et à l'étranger*, in-8°, 29 pages. Paris, 1883. (Extrait de la *Réforme sociale.*)

24. *Etude économique sur le travail et la manivelle de Sismondi*, in-8°, 12 pages. Paris, 1883. (Extrait de la *Réforme sociale.*)

25. *Le salaire au point de vue statistique, économique et social*, in-8°, 28 pages. (Extrait de la *Réforme sociale.*)

26. *La circulation sur les routes nationales d'après les comptages de 1882*, gr. in-8°, 24 pages. Paris, Berger-Levrault, 1884. (Extrait du *Bulletin de la Société de statistique de Paris.*)

27. *Rapport sur l'Exposition internationale de meunerie, de boulangerie et des industries qui s'y rattachent, en 1885, à Paris*, in-16, 6 pages. Paris, Lahure, 1885.

28. *Le capital et le travail* (conférence faite aux ouvriers de l'usine Piat), in-8°, 31 pages. Paris, Chaix, 1885.

29. *La statistique géométrique*, gr. in-8°, 7 pages. Paris, Berger-Levrault, 1885. (Extrait du *Bulletin de la Société de statistique de Paris.*)

30. *L'hospice rural : sa nécessité, sa dépense, ses voies et moyens*, in-8°, 20 pages. Paris, Baillière, 1886.

31. *La question des habitations ouvrières en France et à l'étranger : la situation actuelle, ses dangers, ses remèdes*, in-8°, 74 pages. Paris, Masson, 1886. (Extrait de la *Revue d'hygiène.*)

32. *Les moyennes en statistique*, gr. in-8°, 14 pages. Paris, Berger-Levrault, 1886. (Extrait du *Bulletin de la Société de statistique de Paris.*)

33. *L'assistance rurale et le groupement des communes*, in-8°, 19 pages. Paris, 1886. (Extrait de la *Réforme sociale.*)

34. *Les cartogrammes à teintes graduées : système de classification rendant comparables les divers cartogrammes d'une même série*, gr. in-8°, 7 pages. Paris, Berger-Levrault, 1887. (Extrait du *Bulletin de la Société de statistique de Paris.*)

35. *La statistique géométrique : méthode pour la solution des problèmes commerciaux et industriels*, in-8°, 38 pages. Paris, 1887. (Extrait du *Génie civil.*)

36. *Le recensement de 1886 : premiers résultats officiels concernant la population légale*, in-8°, 14 pages. Paris, 1887. (Extrait de la *Réforme sociale.*)

37. *Observations sur l'importance des routes nationales*, in-4°, 6 pages. Paris, Berger-Levrault, 1887. (Extrait du *Bulletin de la Société de statistique de Paris.*)

38. *La monographie d'atelier*, in-8°, 10 pages. Paris, 1887. (Extrait du *Génie civil.*)

39. *Le recensement des professions*, gr. in-8°, 23 pages. Paris, Impr. nationale, 1887. (Extrait du compte rendu des travaux du Conseil supérieur de statistique.)

40. *Rapport présenté au nom de la sous-commission chargée d'examiner le régime et la vente des publications statistiques officielles*, in-4°, 10 pages. Paris, Impr. nationale, 1888.

41. *L'assurance des ouvriers contre les accidents*, in-8°, 16 pages. Paris, 1888. (Extrait du *Journal des Économistes.*)

42. *Histoire d'un tableau statistique*, in-8°, 31 pages. Paris, 1888. (Extrait de la *Revue scientifique.*)

43. *L'imprévoyance et les institutions de prévoyance*, in-8°, 23 pages. Paris, 1888. (Extrait de la *Réforme sociale*.)

44. *Organisation de l'assurance*, in-8°, 25 pages. Paris, Baudry, 1889.

45. *La législation internationale du travail*, in-8°, 27 pages. Paris, Guillaumin, 1889.

46. *Programme du cours d'économie industrielle professé à l'École nationale spérieure des mines*, in-16, 16 pages. Paris, Dunod, 1889. (Extrait des *Annales des mines*.)

47. *Rapport sur le groupe de l'Économie sociale à l'Exposition universelle de 1889*, in-8°, 29 pages. Paris, 1889.

48. *Le pain du siège*, in-16, 48 pages. Paris, 1889. (Extrait de la *Revue du service de l'intendance militaire*.)

49. *L'Économie sociale à l'Exposition universelle de 1889*, in-8°, 23 pages. Paris, 1889. (Extrait de la *Réforme sociale*.)

50. *L'album de statistique graphique*, in-8°, 15 pages. Paris, Impr. nationale, 1889.

51. *La statistique internationale du tonnage des marchandises transportées sur les diverses voies de communication intérieure*, in-8°, 8 pages. Paris, Levé, 1889.

52. *Les charges fiscales de l'agriculture et les monographies de famille*, in-8°, 8 pages. Paris, Berger-Levrault, 1889. (Extrait du *Bulletin de la Société de statistique de Paris*.)

53. *Le projet de loi d'assurance contre les accidents*, in-8°, 19 pages. Paris, 1890. (Extrait du *Bulletin du Comité permanent du Congrès des accidents du travail*.)

54. *La réglementation de la sécurité des travailleurs*, in-8°, 15 pages. Paris, 1890. (Extrait de la *Réforme sociale*.)

55. *La faute lourde en matière d'accidents du travail*, in-8°, 14 pages. Paris, Baudry, 1890. (Extrait du *Bulletin du Comité permanent du Congrès des accidents du travail*.)

56. *Les budgets comparés des cent monographies de familles* (avec la collaboration de M. A. Toqué), gr. in-8°, 157 pages. Rome, impr. Héritiers Botta, 1890.

57. *L'enseignement de la statistique*, in-4°, 13 pages. Paris, Impr. nationale, 1890.

58. *Les institutions patronales de la Société anonyme de la Vieille-Montagne*, in-8°, 14 pages. Paris, 1890. (Extrait de la *Réforme sociale*.)

59. *Les institutions patronales de la maison Piat,* in-8°, 8 pages. Paris, 1890. (Extrait de la *Réforme sociale.*)

60. *Les méthodes de la statistique,* in-8°, 43 pages. Paris, Guillaumin, 1890. (Extrait de la *Revue du service de l'Intendance militaire.*)

61. *Les caisses régionales de prévoyance,* in-8°, 11 pages. Paris, 1891. (Extrait du *Bulletin du Comité des travaux historiques et scientifiques.*)

62. *Les lacunes de la statistique et les lois sociales,* in-8°, 20 pages. Paris, 1891. (Extrait du *Bulletin du Comité des travaux historiques et scientifiques.*)

63. *L'obligation de l'assurance et la liberté du mode d'assurance,* in-8°, 11 pages. Paris, 1891. (Extrait du procès-verbal des séances du *Congrès international des accidents du travail, à Berne.*)

64. *L'affaiblissement de la natalité française : ses causes, ses remèdes,* in-8°, 14 pages. Paris, 1891. (Extrait de la *Réforme sociale.*)

65. *La corporation des Chartered-Accountants en Angleterre,* in-8°, 7 pages. Paris, 1891. (Extrait du *Bulletin de l'Institut des Actuaires.*)

66. *L'internationalisme dans les questions sociales,* in-8°, 39 pages. Paris, 1891. (Extrait de la *Réforme sociale.*)

67. *État présent de la question des accidents du travail,* in-8°, 36 pages. Paris, 1891. (Extrait du compte rendu des séances du *Congrès international des accidents du travail, à Berne.*)

68. *Le foyer coopératif et l'assurance en cas de décès du coopérateur,* in-8°, 48 pages. Paris, 1891. (Extrait du *Bulletin de la Société française des habitations à bon marché.*)

69. *L'union fraternelle Lambert,* in-12, 16 pages. Paris, 1891.

70. *Trois lois récentes sur les habitations ouvrières en Belgique, en Angleterre et en Autriche,* in-12, 30 pages. Paris, 1892. (Extrait de la *Revue d'hygiène.*)

71. *François Jacqmin,* in-12, 208 pages. Paris, Hachette, 1892.

72. *La machine électrique à recensement,* gr. in-8°, 12 pages. Paris, 1892. (Extrait du *Bulletin de la Société de statistique de Paris.*)

73. *La baisse du taux de l'intérêt et les institutions de prévoyance,* in-8°, 40 pages. Paris, 1892. (Extrait de la *Réforme sociale.*)

74. *Le Congrès des accidents de Berne,* in-8°, 27 pages. Paris, 1892. (Extrait du *Bulletin de la Société de protection des apprentis et des enfants employés dans les manufactures.*)

75. *La Société anonyme et les institutions patronales,* in-8°, 16 pages.

Paris, Picard, 1892. (Extrait des *Comptes rendus des séances de l'Académie des sciences morales et politiques*.)

76. *Les questions ouvrières*, in-8°, 20 pages. Paris, 1892. (Extrait du *Génie civil*.)

77. *The Electric Tabulating Machine*, in-4°, 9 pages. New-York, C.-C. Shelley, Printer, 1892.

78. *Rapport sur le prix Bourdin décerné par la Société de statistique de Paris*, in-4°, 10 pages. Paris, Berger-Levrault, 1892. (Extrait du *Bulletin de la Société de statistique de Paris*.)

79. *Rapport sur la section d'Économie sociale* (institutions patronales), à *l'Exposition universelle de 1889*, in-4°, 166 pages. Paris, Impr. nationale, 1892.

80. *La lutte des classes*, in-8°, 27 pages. Paris, Giard et Brière, 1893. (Extrait de la *Revue internationale de sociologie*.)

81. *Rapport général présenté au nom du comité d'enquête, sur la valeur actuelle des plans cadastraux et sur le bornage de propriétés*, in-4°, 38 pages et 3 planches en couleur. Paris, Impr. nationale, 1893.

82. *Rapport sur le concours des travaux monographiques*, in-8°, 11 pages. Paris, 1893. (Extrait de la *Réforme sociale*.)

83. *L'assurance mixte et les maisons ouvrières*, in-8°, 24 pages. Paris, Masson, 1893. (Extrait du *Bulletin de la Société française des Habitations à bon marché*.)

84. *La prestation pénale*, in-8°, 9 pages. Paris, 1893. (Extrait de la *Revue pénitentiaire*.)

85. *La prévention des accidents*, in-8°, 18 pages. Paris, Chaix, 1893.

86. *La machine électrique à recensement*, in-4°, 14 pages. Paris, 1893. (Extrait du *Bulletin de la Société d'encouragement pour l'industrie nationale*).

87. *François Jacqmin*, in-12, 49 pages. Paris, Dunod, 1894. (Extrait des *Annales des Ponts et chaussées*.)

88. *Le musée social*, in-4°, 12 pages. Paris, 1894.

89. *Rapport sur les travaux du syndicat de défense contre le phylloxéra de Chiroubles (Rhône), en 1892-1893*, in-4°, 4 pages. Paris, Impr. nationale, 1894. (Extrait du *Bulletin du Ministère de l'Agriculture*.)

90. *Rapport sur le bureau central de l'Union des Sociétés de patronage*, in-8°, 22 pages. Lyon, impr. Storck, 1894. (Extrait du *Compte rendu des séances du IIᵉ congrès national de patronage des libérés, de Lyon*.)

91. *Le budget de la prévoyance ouvrière*, in-8°, 16 pages. Paris, 1894. (Extrait du *Bulletin de la Société française des habitations à bon marché*).

92. *Nécessité et bases d'une loi d'assurances sur la vie*, in-8°, 27 pages. Paris, Guillaumin, 1894. (Extrait du *Bulletin de l'Institut des Actuaires français*.)

93. *Les diverses combinaisons d'assurances contre les accidents*, in-4°, 12 pages. Milan, 1894. (Extrait du *Compte rendu des séances du Congrès international des accidents du travail, à Milan*.)

94. *Les lois ouvrières au point de vue de l'intervention de l'État*, in-4°, 15 pages. Paris, Guillaumin, 1894.

95. *La production et la consommation des vins en France*, in-8°, 16 pages Lyon, impr. Legendre, 1894.

96. *La multiplication par les nombres triangulaires*, in-8°, 11 pages. Paris, Warnier. 1894. (Extrait du *Bulletin de l'Institut des Actuaires français*.)

97. *Déposition sur le projet de loi des sociétés de secours mutuels, devant la commission parlementaire de la prévoyance sociale*, in-4°, 28 pages. Paris, impr. Mottcroz, 1894.

98. *Le Musée social*, in-4°, 14 pages. Milan, 1894. (Extrait du *Compte rendu des séances du Congrès international des accidents du travail, à Milan.*)

99. *Le Cottage d'Athis*, in-8°, 32 pages. Paris, Chaix, 1894. (Extrait du *Bulletin de la Société française des habitations à bon marché.*)

100. *Les assurances ouvrières*, in-8°, 16 pages. Paris, 1894. (Extrait du *Bulletin de la Société de protection des apprentis.*)

101. *Observations sur l'introduction de la machine Hollerith et des appareils similaires dans les services de statistique*, in-4°, 2 pages. Rome, Impr. nationale, 1895.

102. *La monographie de commune*, in-4°, 10 pages. Rome, Impr. nationale, 1895.

103. *L'économie sociale et l'hygiène*, in-12, 8 pages. Paris, Masson, 1895. (Extrait de la *Revue d'hygiène.*)

104. *L'Union d'assistance par le travail du Marché Saint-Germain, à Paris*, in-16, 48 pages. Paris, Lahure, 1895.

105. *Le rôle et le devoir du capital*, in-8°, 30 pages. Paris, 1895. (Extrait de la *Réforme sociale.*)

106. *La monographie de famille*, in-8°, 15 pages. Paris, 1895. (Extrait de la *Réforme sociale.*)

107. *La garantie obligatoire de l'indemnité*, in-8°, 40 pages. Paris, 1895. (Extrait de la *Revue politique et parlementaire.*)

108. *La monographie de famille*, gr. in-8°, 6 pages. Rome, Impr. nationale, 1895. (Extrait du *Bulletin de la Société de statistique de Paris.*)

109. *La crise du revenu*, in-4°, 6 pages. Rome, Impr. nationale, 1895. (Extrait du *Compte rendu des séances de l'Institut international de statistique, à Berne.*)

110. *Notice nécrologique sur Hippolyte Rousselle*, in-4°, 7 pages. Paris, typ. Chamerot et Renouard. (Extrait du *Bulletin de la Société d'encouragement pour l'industrie nationale.*)

111. *Rapport au Conseil supérieur des habitations à bon marché sur le projet de règlement d'administration publique relatif à l'article 7 de la loi du 30 novembre 1894 (assurances temporaires en cas de décès)*, in-4°, 13 pages. Paris, Impr. nationale, 1895.

112. *La garantie de l'indemnité et la liberté de l'assurance*, in-8°, 18 pages. Paris, Baudry, 1895. (*Congrès international des accidents du travail, à Milan.*)

113. *L'assistance par le travail*, in-4°, 44 pages. Versailles, impr. H. Lebon, 1895.

114. *Discours prononcé aux obsèques de Victor Pulliat, à Chiroubles (Rhône)*, in-8°. 8 pages. Paris, typ. Chamerot et Renouard, 1896.

115. *Jules Simon, président d'honneur du bureau central du patronage des libérés (notice nécrologique)*, in-8°, 6 pages. Angers, impr. Burdin, 1896.

116. *L'assurance obligatoire contre l'insolvabilité en matière d'accidents*, in-8°, 14 pages. Paris, 1866. (Extrait de la *Réforme sociale.*)

117. *Discours présidentiel prononcé à la Société générale des prisons*, in-8°, 6 pages. Paris, 1896. (Extrait de la *Revue pénitentiaire.*)

118. *La science pénitentiaire et l'économie sociale*, in-8°, 11 pages. Paris, 1896. (Extrait de la *Revue pénitentiaire.*)

119. *Notice nécrologique sur Alexandre Gibon*, in-4°, 7 pages. Paris, typ. Chamerot et Renouard, 1896. (Extrait du *Bulletin de la Société d'encouragement pour l'industrie nationale.*)

120. *Jean Reynaud*, in-fol., 10 pages. Paris, 1896. (Extrait du *Livre d'or du centenaire de l'École polytechnique.*)

121. *L'assurance sur la vie et les habitations à bon marché*, in-8°, 40 pages. Paris, Chaix, 1896.

122. *La question de la population en France*, in-8°, 31 pages. Paris, 1896. (Extrait de la *Revue politique et parlementaire.*)

123. *Frédéric Le Play : l'homme, la méthode, la doctrine*, in-8°, 30 pages. Paris, 1896. (Extrait de la *Quinzaine.*)

124. *La loi du 27 décembre 1895 sur les caisses de retraite des employés et ouvriers*, in-8°, 40 pages. Paris, 1896. (Extrait du *Bulletin du Comité des accidents du travail.*)

125. *La France charitable et prévoyante. Tableaux des œuvres et institutions des départements*, in-8°, 20 pages. Paris, Plon-Nourrit, 1896.

126. *Rapport sur les travaux de la Société de médecine publique et d'hygiène professionnelle*, en 1895, in-12, 10 pages. Paris, Masson, 1896. (Extrait de la *Revue d'hygiène.*)

127. *La caisse de retraites des travailleurs du Iᵉʳ arrondissement de Paris*, in-12, 40 pages. Paris, 1896.

128. *Rapport, au nom du Conseil supérieur, sur les habitations à bon marché pendant l'année 1896*, in-12, 68 pages. Paris, Impr. nationale, 1897.

129. *L'homme social et la colonisation*, gr. in-8°, 19 pages. Paris, Ollendorf, 1897.

130. *Les Actuaires et la loi*, in-8°, 84 pages. Paris, 1897. (Extrait du *Bulletin du Comité international des Actuaires.*)

131. *La crise du revenu et l'ère du travail*, in-8°, 43 pages. Paris, 1897. (Extrait de la *Revue politique et parlementaire.*)

132. *La circulation sur les routes nationales*, in-4°, 14 pages. Paris, 1897. (Extrait du *Bulletin de la Société de statistique de Paris.*)

133. *La dépopulation de la France*, in-8°, 7 pages. Paris, 1897. (Extrait de la *Réforme sociale.*)

134. *Le rôle social de l'ingénieur*, in-8°, 17 pages. Paris, 1897. (Extrait de la *Réforme sociale.*)

135. *Rapport sur le concours de la monographie des communes, institué par la Société des agriculteurs de France*, in-8°, 32 pages. Paris, 1897.

136. *Rapport, au nom du Conseil supérieur, sur les habitations à bon marché pendant l'année 1897*, in-12, 53 pages. Paris, Impr. nationale, 1898.

137. *Le dimanche et l'initiative privée*, in-12, 43 pages. Rouen, impr. Leprêtre, 1898.

138. *Le rôle du public vis-à-vis du dimanche*, in-8°, 20 pages. Paris,

1898. (Extrait du *Bulletin de la ligue populaire pour le repos du dimanche en France.*)

139. *Rapport général sur les travaux de la sous-commission technique du cadastre*, in-4°, 112 pages et 13 planches. Paris, Impr. nationale, 1898.

140. *Le colonel Goulier*, in-4°, 10 pages. Paris 1898.

141. Compte rendu analytique de l'ouvrage posthume du colonel Goulier intitulé : *Études sur les méthodes et les instruments des nivellements de précision*, in-4°, 11 pages. Paris, 1898. (Extrait du *Bulletin de la Société d'encouragement pour l'industrie nationale.*)

142. *Les accidents du travail*, in-8°, 36 pages. Paris, 1898. (Extrait de la *Réforme sociale.*)

143. *La coopération et la mutualité*, in-8°, 28 pages. Paris, 1899. (Extrait du *Bulletin de la Ligue nationale de la prévoyance et de la mutualité.*)

144. *Rapport, au nom de la Commission technique, sur l'examen des bases du tarif prévu à l'article 28 de la loi du 9 avril 1898* (responsabilité des accidents dont les ouvriers sont victimes dans leur travail), in-16, 14 pages. Paris, Impr. nationale, 1899.

145. *La croisade contre l'alcoolisme*, in-8°, 15 pages. Paris, 1899. (Extrait du *Bulletin de la Société française de tempérance.*)

146. *L'habitation du métayer vigneron du Beaujolais autrefois et aujourd'hui*, in-8°, 15 pages. Paris, 1899. (Extrait du *Bulletin de la Société française des habitations à bon marché.*)

147. *Rapports entre la mutualité et la coopération, notamment en ce qui concerne la mutualité rurale*, in-8°, 12 pages. Paris, 1900. (Congrès international de la mutualité à l'Exposition universelle de 1900.)

148. *Note sur l'installation de la Classe 109 (institutions de prévoyance), à l'Exposition universelle de 1900*, in-8°, 8 pages et 4 planches. Paris, Impr. nationale, 1900.

149. *Le péril de l'alcoolisme*, in-8°, 12 pages. Paris, 1900. (Extrait du *Bulletin de la Société française de tempérance.*)

150. *Les rapports des lois d'assurances ouvrières et de la santé publique*, in-8°, 10 pages. Paris, 1900. (Congrès international des accidents du travail et des assurances sociales.)

151. *Rapport, au nom du Conseil supérieur, sur les habitations à bon marché pendant l'année 1900*, in-12, 51 pages. Paris, Impr. nationale, 1901.

152. *Rapport au nom de la section d'économie de statistique et de législation sur le projet de loi relatif aux retraites ouvrières*, in-12, 24 pages, Paris, 1901. (Extrait du *Bulletin de la Société d'agriculture de France*.)

153. *La question technique du cadastre en France* (en collaboration avec M. Saint-Paul), in-8°, 45 pages. Paris, 1901. (Congrès international de la propriété foncière de 1900.)

154. *Rapports et observations présentés au Congrès international de la participation aux bénéfices de 1900*, in-8°, 27 pages. Paris, Chaix, 1901. (Extrait du compte rendu.)

155. *La Mutualité familiale*, in-8°, 23 pages. Paris, 1901. (Extrait de la *Réforme sociale*.)

156. *Notice, cahier des charges et bail de la Société anonyme des habitations ouvrières de Passy-Auteuil*, in-8°, 47 pages et 1 planche. Paris, Chaix, 1901.

157. *Rapport général sur les travaux de la Société de protection des apprentis et des enfants employés dans les manufactures*, in-8°, 15 pages. Paris, Chaix, 1901.

158. Discours prononcé à l'assemblée générale de la *Société protectrice de l'enfance*, in-8°, 8 pages, 1901.

159. Allocution prononcée à l'assemblée générale de la *Ligue nationale contre l'alcoolisme*, in-8°, 7 pages. Paris, 1901.

160. Discours prononcé à la distribution solennelle des récompenses de l'exposition industrielle et artistique de l'*Union pour le développement de l'instruction professionnelle des apprentis et jeunes ouvriers*, in-12, 24 pages. Paris, 1902.

161. *Rapport, au nom du Conseil supérieur, sur les habitations à bon marché pendant l'année 1901*, in-12, 67 pages. Paris, Impr. nationale, 1902.

162. Discours prononcé à l'assemblée générale de la *Ligue populaire pour le repos du dimanche*, in-8°, 12 pages. Paris, 1902. (Extrait du Bulletin de la Ligue.)

163. *L'évolution des idées et des systèmes de retraite*, in-8°, 23 pages. Paris, 1902. (Extrait de la *Réforme sociale*.)

164. *La solidarité sociale*, in-16, 12 pages. Paris, 1903. (Extrait de l'*économiste français*.)

165. *Rapport, au nom du Conseil supérieur, sur les habitations à bon marché, pendant l'année 1902*, in-12, 78 pages. Paris, Imprimerie nationale, 1903.

166. *L'influence des lois successorales et l'expansion de la race*, in-8°, 16 pages. Paris, 1903. (Extrait de *La Réforme sociale.*)

167. *L'hygiène sociale et l'assainissement dans la maison*, in-8°, 12 pages. Paris, 1903. (Extrait du *Bulletin de la Société française des habitations à bon marché.*)

168. *Rapport, au nom du Conseil supérieur, sur les habitations à bon marché, pendant l'année 1903*, in-12, 61 pages. Paris, Imprimerie nationale, 1904.

169. *Le premier congrès national contre l'alcoolisme*, in-8°, 22 pages. Paris, Asselin et Houzeau, 1904. (Extrait du *Bulletin de l'Institut général psychologique.*)

170. Discours prononcé à la séance d'ouverture du *Premier congrès national contre l'alcoolisme*, in-8°, 12 pages. Paris, 1904. (Extrait du *Bulletin de la Ligue nationale contre l'alcoolisme.*)

171. *La statistique de la criminalité*, in-8°, 8 pages. Paris, 1903. (Extrait de la *Revue pénitentiaire.*)

172. *Rapports au nom du Comité permanent, sur les statistiques de la mutualité et de la criminalité*, in-4°, 21 pages. Paris, Imprimerie nationale, 1903. (Extrait du *Bulletin du Conseil supérieur de statistique.*)

173. *Le loyer et la tenue du logement*, in-8°, 10 pages. Paris, 1904. (Extrait du *Bulletin de la Société française des habitations à bon marché.*)

174. *Du municipalisme*, in-8°, 12 pages. Paris, 1904. (Extrait du *Journal des Économistes.*)

175. Discours prononcé au *Congrès d'hygiène sociale*, à Arras, in-8°, 15 pages, 1904.

176. Discours prononcé à l'assemblée générale de l'*Association amicale des anciens élèves de l'École polytechnique*, in-12, 12 pages. Paris, Gauthier-Villars, 1904.

177. *L'invasion de la misère provinciale à Paris*, in-8°, 14 pages. Paris, 1904. (Extrait de la *Réforme sociale.*)

178. Discours prononcé à l'assemblée générale de *l'Abri*, in-12, 32 pages. Paris, imprimerie Pigelet, 1904.

179. *Les charges fiscales de l'agriculture*, in-12, 11 pages. Paris, 1904. (Extrait du *Bulletin de la Société nationale d'agriculture.*)

180. *La division du travail entre les divers facteurs sociaux*, in-18, 19 pages. Bordeaux, 1904.

181. *La famille, l'association et l'État,* in-12, 36 pages. Paris, Guillaumin, 1904.
182. *Rapport, au nom du Conseil supérieur, sur les habitations à bon marché pendant l'année 1904,* in-12, 69 pages. Paris, Imprimerie nationale, 1905.
183. *Rapport sur la statistique de la mutualité,* in-8°, 12 pages. Paris, Imprimerie nationale, 1905.
184. *Rapport sur la statistique des accidents du travail,* in-8°, 26 pages. Paris, Imprimerie nationale, 1905.
185. *Le devoir social et la formation sociale du patron,* in-8°, 20 pages. Paris, 1905. (Extrait de la *Réforme sociale.*)
186. *Les diverses formes de la prévoyance et la retraite viagère,* in-8°, 33 pages. Paris, 1905. (Extrait du *Bulletin de la Ligue nationale de la prévoyance et de la mutualité.*)
187. *L'action sociale de la femme dans les syndicats agricoles,* in-8°, 24 pages. Paris, Guillaumin, 1905.
188. *La mutualité patronale,* in-8°, 32 pages. Paris, 1905.
189. *Le confort du logement populaire,* in-8°, 18 pages. Paris, Chaix, 1905. (Extrait du *Bulletin de la Société française des habitations à bon marché.*)
190. *Rapport présenté au congrès international pénitentiaire de Budapest sur les indemnités à accorder aux détenus ou à leurs familles en conséquence d'accidents survenus dans le travail pénal,* in-8°, 12 pages, 1905.
191. *Les veuves et les orphelins dans la mutualité,* in-16, 22 pages. Paris, Guillaumin, 1905.
192. *L'assurance des veuves et des orphelins,* in-8', 16 pages. Vienne, 1905. (Congrès international des accidents du travail et des assurances sociales.)
193. *La statistique internationale des accidents du travail,* in-8°, 19 pages. Vienne, 1905. (Congrès international des accidents du travail et Institut international de statistique, à Londres.)
194. *Le rôle de la femme dans la mutualité,* in-8°, 29 pages. Paris, Rousseau, 1905. (Extrait des *Annales du Musée social.*)
195. *La lutte contre l'alcoolisme,* in-8°, 11 pages. Paris, 1905. (Extrait du *Journal de la Ligue.*)
196. *Les Cités-Jardins,* in-8°, 23 pages. Paris, Jouve, 1905.
197. *Les retraites ouvrières,* in-8°, 44 pages. Paris, Guillaumin, 1905.
198. *Les caisses d'épargne en France* (préface de l'ouvrage de M. Che-

vauchez sur cette question), in-12, 15 pages. Paris, librairie
Chevalier et Rivière, 1906.

199. *Rapport, au nom du Conseil supérieur, sur les habitations à bon
marché, pendant l'année 1905*, in-12, 91 pages. Paris, Imprimerie nationale, 1906.

200. Discours prononcé à l'assemblée générale de la *Ligue fraternelle
des enfants de France*, in-4°, 7 pages. Paris, 1906. (Extrait du
Bulletin de la Ligue.)

201. *La lutte contre l'alcoolisme : l'action publique et l'action privée*, in-12,
30 pages. Paris, 1906. (Extrait du *Bulletin de la Ligue.*)

202. *Le patron : son rôle économique et social*, in-8°, 27 pages. Paris,
librairie Giard et Brière, 1906. (Extrait de la *Revue internationale
de sociologie.*)

203. *Le Play*. Trois discours prononcés à l'occasion de son centenaire.
11-14 juin 1906. (Extrait de la *Réforme sociale*, juillet 1906.)

204. *L'intervention patronale en matière de logements ouvriers*, in-8°,
7 pages. Paris, impr. Chaix, 1906.

205. *Le taudis : ses dangers et ses remèdes*, in-8°, 35 pages. (Extrait du
compte rendu du Congrès de l'Alliance d'hygiène sociale tenu à
Nancy, en mai 1906.)

TRAVAUX ACADÉMIQUES.

1. *Rapport sur le concours pour le prix Blaise des Vosges à décerner
en 1901 (les caisses de retraites pour la vieillesse)*, t. 157,
p. 297-327 (1902).

2. *Rapport sur un ouvrage de M. Dislère : Rapport sur la colonisation, au
nom du Jury du Groupe VII, à l'Exposition universelle de 1900*,
t. 158, p. 304-308 (1902).

3. *Rapport sur un ouvrage de M. Gustave Le Bon : La psychologie du
socialisme*, t. 158, p. 461-467 (1902).

4. *Observations sur la défense sociale contre la tuberculose*, t. 159, p. 464-
467 (1903).

5. *Rapport sur un ouvrage de M. Gustave Le Bon : La psychologie de
l'éducation*, t. 159, p. 737-744 (1903).

6. *Observations sur le moyen d'augmenter la natalité des Français*, t. 160,
p. 188-201 et 239-242 (1903).

7. *Observations sur la solidarité sociale*, t. 160, p. 408-418 (1903).

8. *Rapport sur le concours pour le prix Bordin à décerner en 1903 (De

l'influence des fortunes et des conditions), t. 160, p. 687-695
(1903).

9. *Notice sur la vie et les œuvres de M. Joseph Ferrand, correspondant de
l'Académie des sciences morales et politiques*, t. 160, p. 764-779
(1903).

10. *Rapport sur un ouvrage de MM. Paul Mantoux et Maurice Alfassa :
La crise du trade-unionisme*, t. 160, p. 798-800 (1903).

11. *Rapport sur un ouvrage de M. Guermonprez : L'atténuation des accidents en Allemagne*, t. 160, p. 800-801 (1903).

12. *Rapport sur le concours pour le prix Blaise des Vosges à décerner
en 1903 (Les sociétés coopératives de consommation)*, t. 161,
p. 69-84 (1904).

13. *Rapport sur un ouvrage de MM. Martin et Bluzet : Commentaire de la
loi du 15 février 1902 relative à la santé publique*, t. 161, p. 250-
257 (1904).

14. *Rapport sur un ouvrage de M. le comte de Luçay : La Commission des
économies et des réformes administratives*, t. 161, p. 378 (1904).

15. *Rapport sur le concours pour le prix Bordin à décerner en 1904 (Le
commerce des céréales à Paris)*, t. 162, p. 672-699 (1904).

16. *Rapport sur deux congrès : Sixième congrès national du patronage
des libérés et Premier congrès national contre l'alcoolisme*, t. 163,
p. 258-260 (1905).

17. *Observations sur le Homestead*, t. 163, p. 455 (1905).

18. *Frédéric Le Play, sa méthode, sa doctrine, son école*, t. 164, p. 545-
565 (1905).

19. *Le Musée social*, t. 165, p. 114-129 (1906).

20. *Rapport sur le concours pour le prix Félix de Beaujour à décerner en
1905 (Des meilleurs moyens de défense contre l'alcoolisme considéré
comme cause de misère physique et morale)*, t. 165, p. 241-269
(1906).

21. *Rapport sur un ouvrage de M. Serre : Les accidents du travail*, t. 165,
p. 784-787 (1906).

22. *Rapport sur un ouvrage de M. Juillerat : Le casier sanitaire des maisons*, t. 166, p. 120-124 (1906).

23. *Les habitations à bon marché en 1906*, t. 166, p. 183-213 (1906).

24. *Rapport sur un ouvrage de M. Lefort : Les caisses de retraites ouvrières*, t. 166, p. 361-362 (1906).

25. *Rapport sur un ouvrage de M. Lecarpentier : La question agraire
d'Écosse*, t. 166, p. 362-363 (1906).

PUBLICATIONS OFFICIELLES.

1. *Album de statistique graphique* du Ministère des travaux publics. (Publication annuelle de 1879 à 1905.)
2. *Album des tarifs de chemins de fer.*
3. *Bulletin mensuel de statistique et de législation comparée* du Ministère des travaux publics.
4. *Carte de France au 200,000ᵉ*, publiée par le Ministère des travaux publics (mise en train et publication des 38 premières feuilles).
5. *La statistique des cours d'eau, rivières et irrigations*, départements de la Nièvre, de l'Ariège, de la Haute-Garonne. (3 volumes grand in-8°.)
6. *Le répertoire de législation des travaux publics.* (1 vol. grand in-4°, 400 pages.)
7. *Manuel des procédés de reproduction mécanique des plans et dessins.*

COLLABORATIONS DIVERSES.

Le Musée social. (Mémoires et documents. — Annales.)
La Réforme sociale.
L'Économiste français.
La Revue de Sociologie.
Le Journal des Économistes.
La Revue politique et parlementaire.
Les Annales des sciences politiques.
Bulletin de la Société de législation comparée.
Bulletin du Conseil supérieur de statistique.
Bulletin de l'Institut international de statistique.
Journal de la Société de statistique de Paris.
Revue pénitentiaire.
Revue des Institutions de prévoyance.
Bulletin de la Ligue de la prévoyance et de la mutualité.
Bulletin de la Ligue populaire pour le repos du dimanche.
Revue philanthropique.
Bulletin de la Société de protection des apprentis.
Bulletin du Comité international des accidents du travail.
Bulletin de la participation aux bénéfices.
Bulletin de la Société française des habitations à bon marché.

Bulletin de l'Institut des actuaires français.
La Revue d'hygiène.
Journal de la tempérance.
L'Étoile bleue.
Bulletin de la Société nationale d'agriculture.
Bulletin de la Société des agriculteurs de France.
Bulletin de la Société des ingénieurs coloniaux.
Bulletin de la Société industrielle de Mulhouse.
Bulletin de la Société d'encouragement pour l'industrie nationale.
Le Génie civil.
Bulletin du Comité des travaux historiques et scientifiques.
La Revue internationale.
Bulletin de la Société de géographie.
Bulletin de la Société de géographie commerciale.
Les Annales des Mines.
Les Annales des Ponts et Chaussées.
La Quinzaine.
Annales de l'alliance d'hygiène sociale.
Bulletin de l'alliance d'hygiène sociale.

FÉVRIER 1907.

www.ingramcontent.com/pod-product-compliance
Lightning Source LLC
Chambersburg PA
CBHW061804060726
47597CB00007B/3099